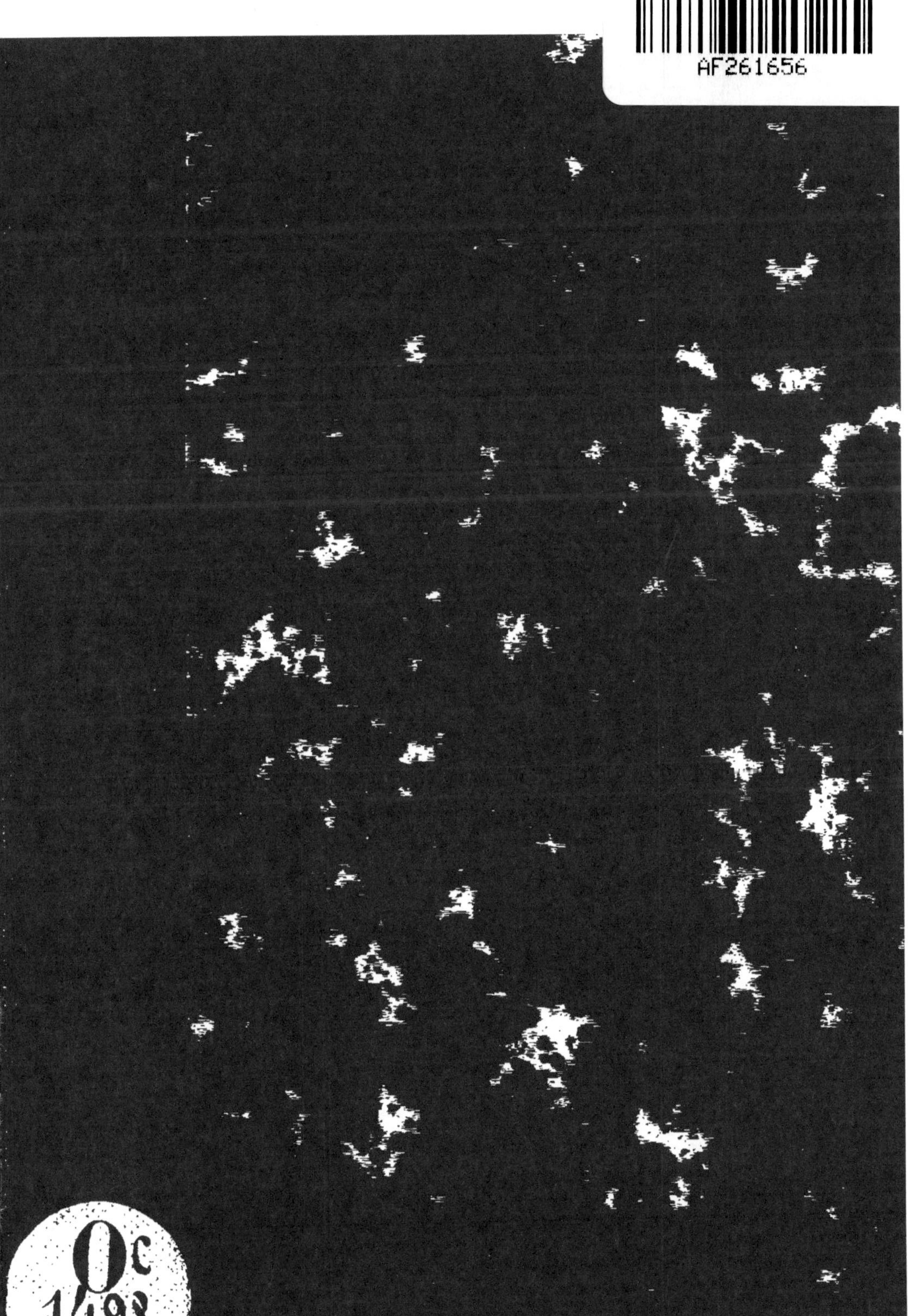

LE

SALUT DE L'ESPAGNE

« La monarchie légitime, c'est-à-dire la monarchie
constitutionnelle rétablie, et avec elle le respect de la loi ;
la religion ne faisant qu'une avec les libertés de la patrie ;
un roi ayant pour programme d'être à la fois catholique
comme ses ancêtres et libéral comme son siècle, ce sont
autant de raisons qui me font espérer que l'on verra mettre
bas les armes à ceux qui soutiennent un roi et des principes impossibles dans cette terre classique des libertés. »

(Proclamation de Martinez Campos.)

LE SALUT

DE

L'ESPAGNE

PARIS

E. LACHAUD ET Cᵢₑ, ÉDITEURS

4, place du Théâtre-Français, 4

—

1875

LE

SALUT DE L'ESPAGNE

Sancho Pança. — « Mon maître qui parle comme un livre, m'a dit que les injures et les coups sont les raisons de ceux qui n'en ont pas. »

(*Envoi aux républicains, internationalistes et carlistes.*)

Le propre des républiques est de se dévorer elles-mêmes après avoir semé toutes sortes de ruines et de désastres.— Ainsi il en a été de la république espagnole et du gouvernement d'usurpation, qui avait renversé la reine Isabelle pour livrer l'Espagne à toutes les aberrations religieuses et sociales, à des aventuriers politiques, à des ambitieux sans talent, généraux sans instruction militaire, bourgeois incapables et sans croyances, industriels sans éducation et sans notions gouvernementales, journalistes et avocats sans science ni conscience dont les actes furent toujours ineptes et coupables.

Si l'Espagne n'a pas sombré pendant ces dernières années, elle n'en est pas moins restée pendant longtemps pantelante et meurtrie sous le gouvernement de ces hommes sans nom et sans courage, politiques de l'égout qui ont cherché à saper les anciennes institutions du pays pour mettre à leur place des lois ridicules et de pompeuses utopies.

Les usurpateurs de Madrid, aidés par ceux d'Estella et les cantonalistes de Carthagène, ont ensanglanté l'Espagne, dans le but unique de satisfaire leurs intérêts personnels et leurs passions aussi mesquines que désordonnées.

Républicains, anarchistes, cantonalistes et carlistes ont mis l'Espagne à deux doigts de la banqueroute; l'argent fait défaut partout, le peu qui est entré dans

les caisses publiques a été immédiatement absorbé par les besoins particu-
liers des ci-devant dictateurs, prétendants
et autres moribonds avec leurs états-ma-
jors d'officieux, comme salaire de leurs
monstrueuses inepties.

Dieu veuille que le dernier râle de
l'œuvre des Prim, Serrano, Topete, Castelar, Figueras, Sagasta, Pi y Margall,
Salmeron, etc., soit suivi de l'écrasement
de l'insurrection carliste dont les atroci-
tés excitent l'indignation générale.

Alors seulement on verra le prélude
d'une vie nouvelle pour l'Espagne.

L'avénement d'Alphonse XII nous pré-
sage la fin de l'anarchie espagnole, et il a
été un immense bienfait, ne serait-ce
qu'en ce qu'il a mis fin à l'éternelle can-
didature d'un Hohenzollern au trône de
Charles-Quint. A partir de la chute du
maréchal Serrano, on a pu dire que Madrid ne deviendrait pas une succursale de
Berlin, et l'entrée dans la capitale espa-

gnole du roi Alphonse a fait pousser à l'Europe un immense soupir de soulagement et d'espérance.

L'avénement du fils d'Isabelle, c'est le signal d'une régénération sociale pour l'Espagne ; c'est la résurrection du droit outragé, de la morale à l'agonie ; c'est un commencement de revanche des épreuves passées, une forte garantie pour l'ordre, c'est la ruine de la démagogie cosmopolite dont les quartiers généraux sont à Madrid et à Barcelone, c'est la disparition des tribuns trompant les peuples par leur langage empoisonné, flattant la multitude pour en faire le marchepied de leur ambition, aussi grande qu'eux-mêmes sont petits.

Le coup de théâtre qui a changé en vingt-quatre heures la face de l'Espagne, et a justifié la sage réserve et l'esprit politique du prince Gortchacow refusant de reconnaître le gouvernement du maréchal Serrano, a été connu, dans la soirée du 31 décembre par la dépêche suivante envoyée à S. M. la reine Isabelle de Bourbon : « Les armées du Centre et du Nord, ainsi que les garnisons de Madrid et des provinces, ont proclamé don Alphonse XII roi d'Espagne. Madrid et toutes les villes de la Péninsule répondent à cette proclamation avec les marques du plus grand enthousiasme. Nous prions Votre Majesté de vouloir bien faire parvenir cette nouvelle à son auguste fils, car nous ignorons où il se trouve en ce moment. Nous félicitons de tout cœur Vos Majestés de ce grand triomphe, obtenu sans lutte et sans effusion de sang. — PRIMO DE RIVERA. — CANOVAS DEL CASTILLO. »

Ce n'est pas seulement le pronunciamento de Martinez Campos qui amena cette heureuse solution pour l'Espagne. L'ancien capitaine général de la Catalogne n'aurait rien pu faire avec ses deux bataillons, en y ajoutant même tous les millions de M. le marquis de Manzanedo, s'il n'avait pas eu avec lui tous les vrais Espagnols fatigués de l'incapacité de Serrano et de ses courtisans.

Le gouvernement de Serrano, comme ceux qui l'ont précédé, n'avait pas de racines, on n'a pas eu à le renverser, il est tombé tout seul. De même que, le 3 janvier 1874, le général Pavia avait balayé les Cortès qui étaient devenues une Commune légale après que les Figueras, les Pi y Margall, les Castelar avaient fait de l'Espagne une fédération cantonaliste et que le balayage s'était accompli sans coup férir, de même aussi on put renverser le gouvernement de Serrano-Sagasta qui était devenu insoutenable. On s'étonne même que ce régime de l'arbitraire et de l'impuissance ait pu durer aussi longtemps.

Le gouvernement de Serrano est tombé parce que l'Espagne était lasse et énervée; Martinez Campos n'a eu qu'à allumer la mèche, il savait qu'il serait secondé par tous les patriotes qui avaient vu, avec douleur, leur patrie supporter pendant six années une révolution, la junte révolutionnaire, la régence de Serrano, Prim, etc., le règne d'un souverain étranger qui finit par amener les radicaux au ministère, la république, les Castelar, les Pi y Margall, l'anarchie, le cantonalisme et le carlisme, deux guerres civiles à la fois, et enfin la dictature de Serrano.

Le mouvement n'a pas été exclusivement militaire ; le peuple a appuyé l'initiative prise par un général. L'Espagne entière, en acclamant son jeune souverain, a donné un démenti formel à ceux qui la prétendaient dévouée à la cause républicaine avec ses unionistes libéraux, progressistes, démocrates, radicaux, fédéralistes, communalistes et autres factions démagogiques.

L'élévation au trône de don Alphonse a été obtenue sans effusion de sang.

La *Gaceta*, organe officiel du gouvernement, avait accueilli la première nouvelle du pronunciamento alphonsiste par la note suivante, signée de tous les ministres :

« Au moment même où le chef de l'État mettait en mouvement l'armée du Nord pour livrer une bataille décisive contre les forces carlistes en mettant à profit les immenses sacrifices que le gouvernement a demandés au pays et auxquels le pays s'est soumis avec le plus noble patriotisme, quelques troupes de l'armée du Centre, commandées par les généraux Martinez Campos et Jovellar, ont arboré, en présence de l'ennemi, le drapeau séditieux de don Alphonse de Bourbon.

« Ce fait inqualifiable, qui pourrait être le commencement d'une nouvelle guerre civile, comme s'il ne pesait pas déjà assez de malheurs sur la patrie, n'a pas eu heureusement d'écho ni dans les armées du Nord et de Catalogne, ni dans aucun des divers districts militaires.

« Le gouvernement qui, dans les circonstances suprêmes où se trouve la nation dans la Péninsule et en Amérique, a fait appel à tous les partis qui font profession de libéralisme pour étouffer dans un effort commun les aspirations de l'absolutisme, a un droit assuré et en quelque sorte sacré de qualifier durement et de châtier avec toute rigueur, en ce qui le concerne, une rébellion qui, en fin de compte, ne peut, si elle se propage, que favoriser le carlisme et la démagogie, et nous déshonorer en outre aux yeux du monde civilisé.

« Le ministère, fidèle à ses desseins, et voulant garder loyalement les engagements solennels qu'il a contractés devant l'Espagne et l'Europe, est résolu aujourd'hui plus que jamais à accomplir son devoir, et il l'accomplira. »

La *Independencia*, feuille locale castelariste, adressa une proclamation au peuple, sous le titre : *Nuestro Deber,* « Notre Devoir.»

« Une rébellion criminelle, y est-il dit, est venue troubler la réconciliation des partis révolutionnaires. De l'union ! de la concorde ! Que ceux qui ont fait ensemble la révolution de septembre, que ceux qui ont chassé d'Espagne l'infâme dynastie des Bourbons se trouvent réunis pour accomplir une seconde fois l'œuvre de 1868 !

« Pas de discussions, plus de petites chapelles ; la Restauration a levé son drapeau, foulant aux pieds les ordonnances et la discipline militaire ; faisons notre devoir ; n'ayons qu'une bannière ; ne poussons tous qu'un seul cri : A BAS LES BOURBONS ! VIVE LA LÉGALITÉ ! VIVE LA RÉPUBLIQUE ! »

Plusieurs commissions émanant du Cercle républicain, du Cercle constitutionnel, de la Société démocratique de la Liberté, des radicaux se rendirent chez M. Sagasta. On parla de former à Valence un centre d'opposition avec MM. Castelar et Pi y Margall pour chefs. M. Sagasta s'écria : « Qu'on me donne six bataillons et je m'enferme avec eux dans cet hôtel où il faudra m'arracher par la force ! » A la simple apparition du général Primo de Rivera, M. Sagasta, à la place de six bataillons, prit sa canne et son chapeau, et s'empressa de déguerpir avec tous les membres du comité de résistance. Le maréchal Serrano imita ces messieurs et partit pour Bayonne, abandonnant l'armée du Nord et l'idée d'une pointe sur Madrid.

Le rôle de tous ces braillards, issus de la révolution de septembre, fut aussi effacé que modeste ; ils gagnèrent la frontière de Portugal, après avoir protesté avec éloquence, cédé la place et déclaré qu'en présence de l'attitude de l'armée, ils ne pouvaient pas s'opposer au mouvement.

La révolution qui a placé don Alphonse sur le trône d'Espagne a été, à ce que disent les feuilles républicaines, l'œuvre de l'état-major de bannis et d'exilés puisant à la cassette de l'hôtel Basilewski : c'est un mensonge.

Certes les événements de 1868 ont jeté en France la plus grande partie des sommités espagnoles.

MM. le marquis de Valcarlos, cousin

germain du roi ; Fernando de Bourbon, le comte de Carrelet, aide de camp du roi ; le comte Xequena, Fernand de Ezpeleta, Antonio de Ezpeleta, Daniel de Ezpeleta, Ramiro de Ezpeleta et Ortuno de Ezpeleta, le marquis de Cendrera, le duc d'Atrisco, le duc de la Conquista, le marquis de Guadalcazar, le duc de Banos, bon Jose Guell y Rente, le duc de Valence, le marquis de Campo-Sagrador, le marquis d'Arcecollar, le comte de Banuelos, le duc de Grenade, les Aguado, les Errazu, duc de Rivas, marquis de Pidal Coello Elduayen, Mendez Vigo, Velasco, etc., et toute la colonie espagnole faisait des vœux pour le retour de la dynastie de Bourbon ; mais si la nation entière n'avait pas acclamé le jeune souverain, ce n'aurait pas été cette poignée d'exilés qui aurait pu accomplir cette restauration.

Voici le texte de la réponse de don Alphonse à la dépêche de M. Canovas del Castillo.

« Votre Excellence, à laquelle j'ai confié mes pouvoirs le 23 août 1873, m'apprend que la valeureuse armée et l'héroïque peuple de l'Espagne m'ont appelé par une acclamation unanime à occuper le trône de mes ancêtres. Nul mieux que Votre Excellence, à qui je dois tant de reconnaissance pour ses éminents services, ainsi qu'au ministère-régence que Votre Excellence a nommé, en vertu des pouvoirs que je lui ai conférés et que je confirme aujourd'hui, nul ne peut mieux être l'interprète de mes sentiments de gratitude et d'amour à l'égard de la nation, en ratifiant, en mon nom, les idées émises dans mon manifeste du 1er décembre dernier et en affirmant ma volonté loyale de remplir mes engagements, ainsi que mon très-vif désir que l'acte solennel de mon entrée dans ma chère patrie soit un gage de paix, d'union et d'oubli des discordes passées et, en conséquence, l'inauguration d'une ère de véritable liberté dans laquelle, réunissant tous mes efforts et avec la protection du Ciel, nous puissions obtenir pour l'Espagne de nouveaux jours de prospérité et de grandeur.

                    « ALPHONSE. »

La composition du ministère-régence est connue et fait présager que le gouvernement sera à la hauteur des circonstances.

M. Canovas del Castillo, le nouveau chef du cabinet espagnol, a été l'âme du mouvement alphonsiste à Madrid. C'est un homme d'État d'une haute valeur, ancien lieutenant parlementaire d'O'Donnell, avocat, qui, après la révolution de 1868, s'est attaché à la reine, et a été chargé par elle de surveiller l'éducation du jeune prince. M. del Castillo est un esprit libéral disposé à donner des libertés à son pays dans la juste mesure où il convient de les donner, sans compromettre l'ordre et sans affaiblir l'autorité royale. En 1856, M. del Castillo a été chargé d'affaires à Rome, où il rédigea le mémorandum historique sur les relations de l'Espagne avec le saint-siége, travail qui servit de base au concordat. Il fut ministre des finances et des colonies sous O'Donnell, et élabora à cette époque la loi pour l'abolition de la traite des noirs. Peu avant la révolution de 1868, il défendit dans les Cortès le principe libéral, alors que la plupart de ses collègues avaient quitté le Parlement. Son plus grand titre de gloire est d'avoir, avec MM. Elduayen et Bugallal, levé l'étendard de la monarchie légitime et constitutionnelle en pleine Assemblée constituante de 1868, alors que la révolution triomphait. Il est membre de l'Académie de Madrid, et a publié de grands travaux historiques sur la maison d'Autriche et des recherches sur les sciences morales et politiques.

Ses collègues sont : M. le marquis de Molins, à la Marine, ex-ambassadeur à Londres et président de l'Académie de Madrid, esprit profondément littéraire, dont les poésies sont populaires en Espagne ;

M. le général Jovellar, à la Guerre, ex-commandant de l'armée du Centre et capitaine général de Cuba ; bon organisateur militaire, il a le plus contribué à la reconstitution de l'armée ;

M. Salaverria, aux Finances, ancien employé rompu aux affaires, il fut plusieurs fois ministre des finances sous le règne d'Isabelle. C'est un comptable scrupuleux, un administrateur actif, s'occupant des détails les plus infimes de son ministère ; il est très-aimé dans la haute banque ;

M. A. Castro, aux Affaires étrangères, un protégé de Narvaez, diplomate de beaucoup de tact et de finesse, qu'on jugera bientôt à l'œuvre ;

M. Romero Robledo, à l'Intérieur, fut ministre des travaux publics sous le règne d'Amédée Ier *et dernier*. Nous avons de la peine à comprendre ce choix, car nous nous rappelons qu'en 1868 M. Romero Robledo fut membre de la junte révolutionnaire madrilène. Il signa le manifeste de cette junte où se lisaient ces mots : « La dynastie des Bourbons est finie ! (*ha concluido*); »

M. Lopez de Ayala, à l'Ultramar, même observation que pour son collègue de l'Intérieur ; que fera-t-on de ce ministre, rédacteur du fameux manifeste de Cadix, qui, après avoir servi Prim, Serrano et le roi Amédée, devient ministre sous Alphonse XII, tandis qu'il prononça la déchéance de la famille de Bourbon ?

M. Orovio, aux Travaux publics, ancien ministre sous le règne d'Isabelle ; il est très-aimé à Madrid ;

M. Cardenas, à la Justice, a été magistrat ; c'est un jurisconsulte très-distingué.

Le roi Alphonse est le douzième du nom. Il y eut trois rois des Asturies de ce nom : Alphonse, dit le Catholique (757), Alphonse II, dit le Chaste (843), Alphonse III, dit le Grand (910) ; deux rois de Léon : Alphonse IV, dit le Moine (930), Alphonse V, dit le Noble (1028) ; six rois de Castille et de Léon : Alphonse VI, dit le Batailleur (1108), Alphonse VII, qui fut empereur d'Allemagne (1157), Alphonse VIII, roi de Castille (1214), Alphonse IX, roi de Léon (1230), Alphonse X, empereur, dit le Savant (1284), Alphonse XI (1350). C'est Alphonse X qui rédiga les lois astronomiques, dites tables Alphonsines, et *las Siete Partidas del Fuero Real* (la Loi des Partis, base des Droits des Rois).

Alphonse XII, qui fut l'infant Alphonse-d'Assise-Ferdinand-Pie-Jean-Marie de la Conception-Grégoire, prince des Asturies, est né le 28 novembre 1857. Il a dix-huit ans à peine ; il est de taille moyenne, mince, élancé et brun. Son visage sympathique indique le sang-froid et la douceur. Comme le prince impérial français, Alphonse XII est filleul du pape. Aucun prince régnant n'a un plus brillant blason que don Alphonse. Il descend directement de saint Louis, de Henri IV et de

Louis XIV par la ligne paternelle et par la ligne maternelle. Sa grand'mère, la reine Christine, est la sœur de la duchesse de Berri, mère du comte de Chambord.

Le jeune souverain a une nature calme, brave, recueillie, affectueuse; il conquiert tous les cœurs. Les grands d'Espagne, comme ses plus simples serviteurs, ont pour lui la plus grande adoration. L'archiduc Rodolphe d'Autriche et le prince impérial français sont fanatiques de lui. Pendant son séjour à Vienne et à Sandurst, il allait chaque jour faire des armes avec ses deux amis, qui ont été les premiers à le féliciter de son avénement.

Le sang-froid de don Alphonse est si grand qu'il lut tout tranquillement à son gouverneur, M. le chevalier Murphy, la dépêche lui annonçant comment il était devenu roi d'Espagne.

« Eh! mais, prince, dit Murphy, cela n'a pas l'air de vous émouvoir.

— Que voulez-vous, mon cher Murphy?

— c'est un fait brutal comme l'avait été auparavant mon exil. A quoi servirait de s'en attrister ou de s'en réjouir ?. Ce qu'il faut, c'est être à la hauteur des événements, puisque ce n'est pas nous qui les dirigeons, et c'est ce que je vais faire. Celui qui y perd le plus, c'est moi ; j'aurais eu besoin de deux années encore d'études et de voyages. »

Don Alphonse est plein de vigueur ; lors de son séjour à Vienne, il a souvent fait de longues promenades à pied avec son précepteur, depuis cinq heures du matin jusqu'à huit heures du soir, sans s'arrêter autrement que pour prendre ses repas. Il parle quatre langues : l'espagnol, le français, l'anglais et l'allemand.

Alphonse XII est le premier monarque espagnol qui dise *vous* à ceux qu'il reçoit et leur tende la main à l'anglaise. Autrefois, et jusqu'à la reine Isabelle, on ne parlait au souverain qu'à genoux et il tutoyait son interlocuteur. Le jeune souverain aime la simplicité, et il faut croire que sa future cour se modernisera ; il n'aura point de faste, point de maison aux innombrables fonctions. Sa simplicité se révèle même dans son costume : il porte actuellement une tunique bleue sans aucune espèce d'ornement, une ceinture rouge à torsades dorées, pantalon rouge à bande noire et bottes plissées.

Le roi d'Espagne, sans être clérical, est fort religieux. A son arrivée à Valence il a assisté, dans la chapelle de los Desamparados, à un *Salve Regina*. Après le baise-main de la Vierge, il a déposé aux pieds de la statue le bâton de capitaine général et a prononcé ces paroles :

« Mon offrande est de peu de valeur ; elle vient d'un pauvre exilé, mais la foi avec laquelle je la présente à la Vierge lui donne toute la valeur d'un vœu. »

Don Alphonse sait parler à l'âme du peuple : à son arrivée sur le vaisseau *las Navas de Tolosa*, il remit à M. Hernandez le pavillon espagnol pour l'apporter à son auguste mère. A son entrée à Madrid, il se jeta dans les bras du marquis Novaliches, le glorieux vaincu d'Alcolea, l'héroïque général qui eut la mâchoire brisée dans la bataille où il défendit si bravement le trône de la reine Isabelle.

Le jeune roi a oublié que les ennemis du duc de Montpensier ont dit qu'il a été le principal commanditaire de la révolte de septembre 1868. Mais de cet oubli au projet d'un prétendu mariage avec la fille aînée du duc, il y a loin.

De toutes les parties de l'Europe on envoie des dépêches à la reine Isabelle pour la féliciter de l'avénement de son auguste fils ; la presse européenne, moins les organes du radicalisme et de l'ultramontanisme, salue le nouveau roi. Voici le texte de la dépêche du Saint-Père :

« Le Saint-Père envoie, du fond de son

cœur, sa bénédiction apostolique pour Votre Majesté et toute son auguste famille, et il me charge de l'honorable mission de transmettre à Votre Majesté et à Leurs Altesses Royales l'expression de sa reconnaissance pour vos félicitations au sujet de l'Épiphanie.

« Ayant appris par contre-dépêche de Votre Majesté que S. M. le roi se disposait à partir pour l'Espagne, Sa Sainteté remercie Votre Majesté et envoie sa bénédiction à son filleul chéri, en priant le Très-Haut de lui accorder toutes sortes de bonheurs dans la tâche difficile qu'il va entreprendre. »

La circulaire adressée aux cabinets européens par le gouvernement espagnol notifie l'avénement d'Alphonse XII et accentue la déclaration faite par le roi qu'il ne permettra pas à la religion catholique de devenir un instrument politique.

Cette circulaire est signée par tous les ministres.

Sous peu de jours, tous les cabinets européens auront officiellement reconnu ce prince comme roi d'Espagne.

La consécration diplomatique du nouveau gouvernement espagnol ne fait aucun doute; mais elle ne s'effectuera que lorsque ce régime aura été accepté par la nation espagnole elle-même. Un vote des Cortès serait tout naturellement la forme la plus normale de cette sanction nationale; mais comme il peut se faire que des circonstances matérielles retardent la convocation des Chambres, comme, d'un autre côté, il est désirable que le gouvernement du roi Alphonse soit reconnu le plus promptement possible, afin qu'il ne rencontre aucun obstacle dans l'accomplissement de l'œuvre difficile qu'il entreprend, on a proposé de se contenter, le cas échéant, de la manifestation nationale qui se produira sans doute au delà des Pyrénées sous forme d'adresses et de députations envoyées au roi, à condition nécessairement que ces démonstrations aient un caractère de spontanéité et d'universalité qui permette d'y voir l'expression des vœux de la nation.

C'est le gouvernement austro-hongrois qui a pris l'initiative de cette proposition, et nulle part la proclamation d'Alphonse XII ne paraît avoir été accueillie avec plus de satisfaction qu'à Vienne et à Saint-Pétersbourg, à en juger par les nombreuses félicitations russes envoyées à l'illustre ministre des Affaires étrangères de Russie, le chancelier prince Gortchacow, pour sa victoire diplomatique sur les chancelleries de Berlin, de Rome, etc., qui avaient mis le plus grand et le plus étrange empressement à reconnaître le gouvernement de Serrano, tandis que le chancelier de Russie, parfaitement éclairé sur la valeur et la durée probable de ce gouvernement odieux au pays et à l'armée, n'avait pas voulu le reconnaître. MM. le prince Wolkonsky et de Koudriavsky ont toujours cru au caractère éphémère de cette forme de gouvernement que combattaient des hommes de la valeur de MM. del Castillo, Manzanedo, duc de Sesto, l'époux de l'ex-duchesse de Morny.

Si MM. de Hatzfeld, de Canitz et Dallwitz, le comte de Quadt-Wykradt-Isny, de Saulma-Jeltsch, Kleefeld, Lindau, ont mal renseigné le prince Bismark sur la situation des esprits en Espagne, et l'ont poussé à ce pas de clerc, qu'on appelle la reconnaissance du gouvernement Serrano, il n'en a pas été de même pour les attachés de la chancellerie russe, MM. de Kolochine, Serge prince Galitzine, de Fehleisen, grands habitués des salons de Mme la duchesse de Sesto, née princesse Troubetzkoï. On sait aussi les bons rapports existant entre le prince Gortchacow et le duc d'Osuna.

On a raison de critiquer la conduite de M. Layard, ministre de la Grande-Bretagne, à Madrid, pour le manque de tact montré récemment à l'arrivée du jeune roi à Madrid. M. Layard est l'ami particulier de Serrano, il a donc remué des pieds et des mains pour obtenir de son gouvernement la reconnaissance de celui de son ami.

La presse française reproche à tort à M. le duc Decazes de s'être trop hâté à emboîter le pas derrière la note du prince Bismark ; le ministre français ne pouvait pas agir autrement, il y était obligé en présence du mauvais vouloir et des soupçons du terrible chancelier de l'Empire d'Allemagne, toujours prêt à tirer l'épée chaque fois qu'il sent que la France veut faire acte de vitalité. M. le duc Decazes a suivi l'exemple donné par les autres gouvernements, la Russie exceptée, et tout autre ministre des Affaires étrangères français aurait agi de même, qu'il fût impérialiste, républicain, orléaniste ou légitimiste. Il n'y avait pas plus à temporiser en cette circonstance que dans celle du rappel de l'*Orénoque*. La France actuelle, n'importe la forme du gouvernement, doit imiter la sage réserve observée par la Russie après le traité de Paris. « La Russie se recueille », — écrivait le prince Gortchacow à toute demande d'intervention diplomatique dans les affaires européennes, et la Russie s'est recueillie jusqu'à ce qu'elle ait pu déchirer le traité de Paris. Ainsi il en sera pour la France, et en présence des adieux du roi Alphonse XII à l'illustre maréchal de Mac-Mahon, duc de Magenta, chef du gouvernement français, nous sommes fondés de croire que le nouveau gouvernement espagnol ne gardera pas rancune au gouvernement français de ce qu'il a reconnu le régime qui vient de crouler après le coup de massue du 31 décembre.

Au reste, on sait à Madrid que si l'insurrection carliste n'est ravitaillée que très-difficilement en armes et en munitions, on le doit bien plus à l'activité et au bon vouloir du gouvernement français et de ses agents qu'à toutes les croisières allemandes envoyées dans les eaux espagnoles et à tous les Lindau présents et à venir.

Rappelons encore qu'en quittant Paris,

le jeune roi dit à un écrivain français, M. Chabrillat : « Je garderai une éternelle reconnaissance à la France de ce qu'elle a fait pour ma famille, et je lui souhaite de se relever bientôt, comme j'ai l'espoir d'aider mon pays de le faire à son côté. »

L'enthousiasme avec lequel le parti monarchique libéral a salué l'avénement du roi Alphonse XII au trône d'Espagne et les ovations que reçoit le jeune souverain dans toutes les villes où il s'arrête ne l'ont pas grisé. Il ne s'est pas attardé dans les fêtes de Madrid et ne s'est pas laissé enivrer par les démonstrations qui ont accueilli son arrivée. Il a préféré la vie des camps à celle de la cour, et s'est rendu immédiatement à l'armée du Nord, répondant par son héroïque conduite à San-Cristobal aux citoyens républicains qui affirmaient que « le jeune souverain resterait là où l'on festoie et se garderait bien d'aller là où l'on se bat ». D'autres républicains, plus polis que ceux-ci, ont déconseillé à don Alphonse de se rendre à l'armée, disant que, s'il partait pour visiter ses troupes, ce serait une vaine démarche qui ne déciderait rien ; si c'était pour y rester et faire la campagne, ce serait une faute politique. Un roi à la tête de ses armées doit être victorieux ; s'il rentre vaincu, il est affaibli et compromet sa couronne.

Alphonse XII ne s'est nullement préoccupé de ces conseils intéressés ; il a compris que sa présence était utile à l'armée du Nord pour fortifier le moral des troupes par son exemple ; il a prouvé qu'il a, avec la conscience de ses droits, le sentiment de ses devoirs. Il a préféré se mettre à la tête de l'armée que de rester à Madrid pour se faire entourer des avocats et des hommes politiques qui ont perdu la reine Isabelle ; il entend rentrer dans sa capitale avec la paix dans la main, préparant sa victoire par divers décrets que nous trouvons à la *Gaceta* officielle du 14 janvier, et dont voici la teneur :

« Un décret de grâces et commutations de peines accordées, non pas individuellement, mais par catégories de condamnés, et variant selon la nature de la peine encourue.

« Ce décret amnistie les personnes condamnées pour avoir manqué à leur service de membres du jury ; l'institution du jury ayant été supprimée par le nouveau gouvernement, il était devenu impossible de faire exécuter les condamnations prononcées contre les jurés délinquants.

« L'article 7 du décret énumère les exceptions, et, parmi les exceptions, il est à peine besoin de dire que le décret laisse en dehors de l'amnistie les condamnés politiques. »

Cet article 7 est ainsi conçu :

Seront exclus du présent indult les condamnés pour délits suivants : trahison, lèse-majesté, attentat et outrage envers l'autorité, prévarication, insubordination, malversation en matière de deniers publics, fraudes et exactions illégales, assassinat, vol à main armée, pillage et incendie.

Le jeune roi a fait lever le séquestre des biens de plusieurs personnes soupçonnées d'être carlistes, et a demandé à ses ministres de modifier considérablement, sinon d'abroger entièrement, le décret de séquestre publié par le gouvernement précédent.

Après l'apparition du sanguinaire manifeste de don Carlos qu'on voudrait croire apocryphe et qui est malheureusement authentique, le roi d'Espagne ne pouvait pas rester impassible à Madrid.

Voici ce document, où l'on voit l'égoïsme le plus brutal, associé au fanatisme le plus sauvage :

« Espagnols,

« La Révolution, qui vit de mensonges, cherche, en proclamant roi d'Espagne un membre de ma famille, à se réconcilier avec la monarchie et la légitimité. Je suis la légitimité. Je suis le représentant de la monarchie en Espagne, et parce que je le suis, j'ai repoussé avec un souverain mépris les propositions que les révolutionnaires de septembre osaient m'adresser, avant de consommer leur œuvre de néfaste déloyauté.

« Depuis lors, la Révolution sait que je ne puis pas être son roi. Chef de l'auguste famille des Bourbons en Espagne, je contemple avec une profonde douleur l'attitude de mon cousin Alphonse, qui, avec l'inexpérience de son âge, consent à être l'instrument de ceux mêmes qui l'ont expulsé de sa patrie avec sa mère en l'abreuvant de sarcasmes et d'outrages.

« Cependant je ne proteste pas. Ma dignité et la dignité de mon armée ne permettent d'autre protestation que celle qui sera lancée avec une irrésistible éloquence par la bouche de nos canons. La proclamaion du prince Alphonse, bien loin de [me fermer les portes de Madrid, m'ouvre, au contraire, le chemin de la régénération de notre patrie bien-aimée.

« Ce n'est pas en vain qu'un nouvel acte de prétorianisme blesse l'orgueil du peuple espagnol. Ce n'est pas en vain que mes invincibles volontaires sont armés. Eux qui ont su vaincre à Eraül, à Alpiens, à Mongjuras, à Castellollid, à Somorrostro, à Abarzuza, à Castillon, à Cordova et à Urnieta, sauront empêcher une nouvelle insulte à notre magnanime Espagne, un autre scandale à l'Europe civilisée.

« Appelé à tuer la Révolution dans notre pays, je la tuerai, soit qu'elle fasse preuve de la férocité sauvage d'une impiété éhontée, soit qu'elle s'abrite et se cache sous le manteau hypocrite d'une piété feinte.

« Espagnols !

« Par notre Dieu ! par notre Espagne ! je vous jure que, fidèle à ma mission sainte, je soutiendrai sans tache notre glorieux drapeau ! Il symbolise les principes sauveurs qui sont aujourd'hui notre espoir et qui seront demain notre salut.

« De mon quartier royal de Deva, le 6 janvier 1875.

« CARLOS. »

S'il faut traquer dans ses derniers retranchements le prétendant hébété , le féroce despote qui a nom don Carlos, l'aventurier qui veut revendiquer par la force des armes de prétendus droits que ne veulent plus connaître les sociétés modernes, le roi Alphonse saura ce qu'il a à faire, et, l'épée à la main, il saura convaincre don Carlos de Bourbon et Este que personne n'a le droit de s'imposer à un peuple pour le gouverner, et que la nation espagnole ne veut plus subir les bandes d'égorgeurs et d'incendiaires que commande le Bourbon de la branche aînée.

L'Espagne s'est délivrée de la république, elle est revenue à la monarchie libérale, guérie pour toujours des erreurs où l'avaient précipitée une foule d'ineptes intrigants. Don Carlos combattant la république avec ses Serrano, Figueras, Sagasta et consorts avait raison.—Aujourd'hui son rôle doit être fini, aucune chance sérieuse ne lui reste, il est maintenant responsable d'une inutile effusion de sang. Les carlistes ne sont plus un parti, ce sont des insurgés, et on les traitera en conséquence.

Après la proclamation de don Carlos aux Espagnols, voici un décret de son lieutenant Lizarraga. Il prouve que les carlistes n'entendent modifier en rien leur manière de faire la guerre :

« Nous etc., décrétons, au nom du roi, ce qui suit :

« 1° La circulation est interdite sur toutes les voies ferrées faisant partie de la ligne de Valence à Madrid, à partir du 15 janvier 1875 ;

« 2° Les employés et agents de la Compagnie des chemins de fer susnommés qui seront rencontrés à une distance moindre d'une lieue de la voie ferrée seront immédiatement fusillés, après leur identité constatée. Une heure leur sera accordée pour qu'ils puissent mourir chrétiennement ;

« 3° Le matériel de la Compagnie sera brûlé ainsi que les marchandises qui seront dans les vagons. Les voyageurs auront la vie sauve, mais ils seront conduits sous escorte jusqu'au plus proche bureau de l'administration royale, où ils seront interrogés.

« Fait, etc.

« *Signé* : A. Lizarraga. »

Des dépêches nous apprennent que Lizarraga a mis ses menaces à exécution.

Une vingtaine de ses soldats ayant envahi la station de Mores ont passé par les armes, sommairement, deux de ces employés, et ont emmené prisonniers les autres. Le crime de ces malheureux était d'avoir télégraphié de Miranda à Saragosse la nouvelle de la présence de don Carlos à Molina de Aragon. De pareils actes font bondir d'indignation et soulèveront tous les cœurs.

Dans son voyage de Madrid à Peralta le cœur de don Alphonse a dû se serrer bien des fois en voyant les traces du passage des carlistes, stations brûlées, poteaux télégraphiques arrachés, maisons démolies ou incendiées, locomotives brisées, et plus d'une fois le jeune roi a donné des secours aux veuves et aux enfants laissés par les employés de chemins de fer et des télégraphes fusillés par ordre du hidalgo de l'escopette qui est le premier lieutenant de don Carlos.

Voici le texte des deux proclamations adressées, le 22, par le roi Alphonse XII, l'une aux habitants des provinces basques et de la Navarre, l'autre aux soldats de l'armée du Nord :

« Habitants des provinces basques et de la Navarre!

« De retour dans cette patrie aujourd'hui si malheureuse, bien qu'elle soit également aimée de tous, je ne ressens aucun désir plus grand que celui de la paix.

« J'ai toujours été moins attristé par la longue absence à laquelle j'ai été contraint que par la vue du déchirement, de l'appauvrissement et du déshonneur infligés dans ces derniers temps à l'Espagne par une guerre civile aussi stérile que sanglante.

« Je suis monté sur le trône comme je le désirais, c'est-à-dire sans qu'on ait versé une goutte de sang pour ma cause.

« Si vous barrez le chemin à mon armée, il faudra combattre, mais je ne verrai le combat qu'avec douleur.

« Ces vallées déjà dévastées, ces fermes et ces villages déjà en cendres, tout ce pays que vous arrosez à présent du sang de vos frères, je l'aime comme quiconque est né sur le sol espagnol, comme quiconque a passé parmi vous les jours fortunés de son enfance, comme quiconque vous a connus paisibles et libres, heureux et joyeux, en un mot dignes d'envie pour vos compatriotes et pour l'étranger.

« Mes sentiments d'Espagnol et de roi véritable ne me permettraient pas d'aviver ni même de tolérer une guerre inutile comme celle que vous soutenez déjà contre tout le reste de la nation.

« Quel motif avez-vous pour la continuer ?

« Si vous avez pris les armes pour obéir à la foi monarchique, vous voyez en moi le représentant légitime d'une dynastie à laquelle vos cœurs loyaux ont juré dans un autre temps une fidélité éternelle, et qui fut on ne peut plus loyale avec vous jusqu'au moment de sa chute momentanée.

« Si c'est la foi religieuse qui vous a mis les armes à la main, vous voyez en moi un roi catholique comme ses ancêtres, et reconnu partout par les cardinaux et par les plus pieux prélats comme le réparateur des injustices qu'a éprouvées, jusqu'ici, l'Église, et comme l'un de ses plus solides appuis dans l'avenir.

« Je suis aussi, il est vrai, et je serai toujours un roi constitutionnel ; mais vous, qui avez un si grand amour pour vos respectables libertés, pouvez-vous soutenir le mauvais désir que l'on nourrit de priver les autres Espagnols des libertés légitimes auxquelles ils sont accoutumés ?

« Je ne saurais me l'imaginer. Tout me porte, au contraire, à croire que vous ne tarderez pas à déposer les armes avec lesquelles vous combattez aujourd'hui contre le droit monarchique, auquel vous avez juré fidélité, contre l'Église même, représentée par ses princes et ses prélats, et contre la patrie. Déposez-les, vous m'épargnerez la douleur de voir couler dans les deux camps le sang espagnol. Déposez-les, et vous aiderez ainsi, de la manière la plus efficace, la fidèle île de Cuba à recouvrer l'opulence à laquelle vous avez toujours participé si grandement. Déposez-les, et vous recommencerez immédiatement à jouir de tous les avantages que vous avez eus pendant plus de trente ans, sous le sceptre de ma mère, et la prospérité et l'allégresse renaîtront comme par enchantement dans vos montagnes.

« Les fils retourneront immédiatement dans les bras de leurs pères; le fruit de vos sueurs et de vos labeurs sera de nouveau sacré, et au lieu du bruit du canon par lequel on vous convie aujourd'hui, vous entendrez retentir dans vos campganes le sifflet des locomotives, qui ne cessait naguère de vous apporter la richesse et tous les dons magnifiques de la civilisaion. Avant de déployer mon drapeau sur les champs de bataille, j'ai voulu me présenter à vous, un rameau d'olivier à la main.

« Ne soyez pas sourds à cette voix amie qui est celle de votre roi légitime.

« ALPHONSE DE BOURBON ET BOURBON. »

« Peralta, le 22 janvier 1875. »

« Soldats de l'armée du Nord,

« Ce n'est pas par ambition ou par un

amour juvénile de la gloire que je vous demande aujourd'hui abnégation et souffrance et que je vous demanderai demain votre sang. Non, je vous demande tous ces sacrifices pour conquérir la paix.

« J'ai suivi de loin avec admiration vos pénibles campagnes dans lesquelles vous avez entièrement prouvé que vous êtes les dignes successeurs de vos pères. Je viens aujourd'hui dans vos rangs avec le désir de me rendre aussi digne des glorieux Alphonse mes ancêtres, et j'espère démontrer que je le suis, si j'en trouve l'occasion.

« Mais ceux que vous avez devant vous sont aussi Espagnols, et avant que de nouvelles batailles s'engagent par mon ordre, je leur ai adressé, comme vous le savez déjà, des paroles affectueuses et conciliantes. Que la responsabilité de tout le sang innocent qui sera encore versé retombe donc sur ceux qui n'ont pas voulu les écouter.

« En y restant sourds et en prolongeant cette funeste guerre, sans motif, sans prétexte même, ils semblent dédaigner les liens fraternels qui les unissent à vous depuis tant de siècles, et faire peu de cas de votre courage.

« Nobles fils des antiques royaumes de Castille et d'Aragon, vaillants Basques et Navarrais, fidèles comme vous devez l'être à la patrie, le moment est venu de prouver, par les armes, leur indigne erreur à ceux qui pensent ainsi! Du haut de ces montagnes dans lesquelles s'abritent vos adversaires, votre devoir de soldats et votre honneur d'Espagnols vous appellent en même temps à une lutte décisive. Engageons-la donc et vainquons!

« Dieu protégera certainement ceux qui combattent pour conquérir la paix et pour vivre paisiblement et libres dans leurs campagnes et leurs foyers, et non pas ceux qui dirigent volontairement leurs armes contre les droits de leur souverain légitime, contre les intérêts de toutes les provinces de la monarchie et contre la liberté des autres Espagnols, et, en un mot, contre la patrie.

« Suivez avec confiance vos drapeaux qui vous conduiront à la victoire comme ils l'ont fait tant de fois, et puisque vous êtes tous des vétérans, c'est à vous d'apprendre à votre roi à combattre et à vaincre!

« ALPHONSE DE BOURBON ET BOURBON. »

« Peralta, le 29 janvier 1875. »

La proclamation d'Alphonse XII respire le vif désir d'épargner le sang espagnol. Le jeune roi se présente, comme il le dit lui-même, « le rameau d'olivier à la main ». Pourquoi le combattre? Quelle raison de continuer contre lui la guerre engagée contre la république? Alphonse XII leur adresse un touchant appel. Ce langage, à la fois généreux et politique, ne peut manquer de produire un grand effet.

Les carlistes des provinces basco-navarraises, dans une contre-proclamation, viennent de repousser l'appel conciliant d'Alphonse XII. Voici le résumé de ce document:

« Guerre à outrance à la révolution, qu'elle se nomme triumvirat, Amédée, Pi y Margall, Castelar, Serrano ou don Alphonse.

« Arrière tout *convenio* avec ces faux patriotes, qui seront quand même de faux monarchistes et de faux catholiques. »

Vous voyez la tactique : don Carlos n'a

pas seulement la prétention de représen-
ter seul le principe monarchique ; il n'ad-
met pas que l'on puisse être un vrai catholique si l'on n'a reçu le baptême sous
ses drapeaux. Au Vatican, ces exagéra-
tions intéressées sont tenues en médiocre
estime. Le filleul de Pie IX vient de donner, d'ailleurs, une preuve non équivoque
des sentiments qui l'animent.

Conformément à la promesse qu'il avait
faite de « réparer les injustices commises
envers l'Église », Alphonse XII a inauguré
son règne en portant le budget du culte
catholique de 3 millions 251,014 réaux à
41 millions 611,674 réaux. Le clergé re-
cevra ces sommes au prorata des ressour-
ces du Trésor, et comme les autres béné-
ficiaires, « selon qu'il sera possible, eu
égard aux nécessités de la guerre civile.»
Un autre article déclare qu'il sera immédiatement arrêté et établi une liquidation
des arriérés « pour fixer la forme en laquelle il y sera satisfait. » Cet arriéré

s'élève à 162 millions de francs. Le décr[e]
qui contient ces dispositions est sign[é]
par M. Salaverria, ministre des finances[.]

On sait à quel état de dénûment l[e]
clergé espagnol se trouvait réduit pa[r]
suite des mesures spoliatrices prises pa[r]
don Amédée et ratifiées par les Cortè[s]
constituantes que le coup d'État du 3 jan[-]
vier 1874 a balayées. Alphonse XII avai[t]
promis de mettre un terme à cette si[-]
tuation : il a tenu loyalement sa promesse[.]

Don Carlos vient de subir un nouve[l]
échec qui lui sera, sans doute, fort sensi[-]
ble. Le langage des feuilles religieuse[s]
l'autorisait à compter sur l'appui moral d[e]
la curie romaine. L'*Osservatore roman[o]*
s'est chargé de le désabuser. Dans un ar[-]
ticle rempli de périphrases et pétri d[e]
précautions oratoires, l'organe officiel d[u]
Vatican déclare que l'avénement d'Al[-]
phonse XII est un triomphe pour la bonn[e]
cause, et que les catholiques doivent sou[-]
tenir le nouveau roi.

Je ne sais comment cette évolution de la curie romaine sera accueillie par les feuilles religieuses et par les légitimistes français. Que vont dire l'*Univers*, l'*Union*, la *Gazette de France*, qui ont épousé la cause de don Carlos et qui montrent, dans le prince des Asturies, un instrument de la Révolution ?

Il était permis de prévoir cette évolution du Vatican. La curie romaine a souvent su se plier à l'autorité des faits accomplis; elle ne se roidit contre eux que lorsque ses intérêts matériels sont en jeu. Du reste, on savait depuis longtemps qu'il existait deux courants dans l'entourage du Saint-Père. Don Alphonse et don Carlos y avaient chacun leurs partisans. Il paraît même que Pie IX, personnellement, a toujours été favorable au prince des Asturies, qui, on le sait, est son filleul. Mais l'attitude prise par les organes du Vatican et par toutes les feuilles religieuses depuis que don Carlos est entré en Espagne ne permet-

tait guère de s'attendre à une volte-face
aussi prompte et aussi décidée.

Un délégué du comité carliste de Londres a traversé Paris ; il allait porter à
don Carlos une fâcheuse nouvelle. Il étai
chargé de l'informer que les banquiers
anglais avec lesquels l'emprunt carliste a
été conclu refusaient de faire désormais
aucun payement.

Les carlistes ne semblent pas d'ailleurs
se décourager. On mande de Saint-Sébastien qu'ils forment une garde nationale
avec tous les hommes valides qui n'ont
pas été enrôlés, et que, reprenant leurs
bonnes vieilles coutumes, ils ont incendié
en Guipuscoa quelques collines boisées
appartenant aux libéraux.

Le duc de Parme, neveu du comte de
Chambord, est auprès de don Carlos, et
adresse au rédacteur en chef de l'*Union*
la dépêche que voici :

« Durango, 11 janvier, 5 h. soir.

« Duc de Parme, comtes Caserta et Bardi

vous prient démentir énergiquement leur départ ou intention de quitter quartier royal carliste.

« ROBERT. »

Ces divers membres de la maison de Bourbon ont été comblés de bienfaits par la reine Isabelle. Robert, duc de Parme, le correspondant de l'*Union*, a été élevé au rang d'infant d'Espagne par la reine Isabelle, dont la souveraineté avait été reconnue par les auteurs de celui qui se déclare aujourd'hui l'adversaire de son fils. Le duc de Parme fut ensuite créé chevalier de la Toison d'or et jura, en cette qualité, fidélité à la même reine. Ce serment fut renouvelé par lui lorsque lui fut conféré le grand-cordon de Charles III. Le même duc de Parme fut le parrain de l'infante Eulalie, sœur d'Alphonse XII, et il témoigne aujourd'hui sa gratitude par un acte d'hostilité qui n'a rien de chevaleresque. La princesse Marguerite, femme de don Carlos, s'estima très-heureuse, jadis, de recevoir d'Isabelle II la décoration de Marie-Louise, le titre d'infante d'Espagne, ainsi que d'être la marraine de l'infante Eulalie.

Le comte de Bardi, frère du duc de Parme, doit à la libéralité de la reine mère l'honneur d'être grand-croix de Charles III. Il y a quelques jours, le comte de Caserte accourait à l'hôtel Basilewski pour féliciter le jeune roi sur son avénement ; aujourd'hui, son attitude contraste étrangement avec cette démarche.

On a prétendu que l'infant don Sébastien penchait pour les carlistes, et que son ralliement à la monarchie constitutionnelle était de très-fraîche date. Son dévouement à la royauté légitime, personnifiée par Alphonse XII, a toujours été inaltérable. Au mois d'août dernier, il représentait le jeune prince au baptême des cloches de Lourdes. A la première nouvelle de la proclamation du prince des Asturies, son hôtel de Pau a été illuminé, et sur la façade resplendissait en lettres de feu cette légende : « *Vive le roi légitime Alphonse XII.* »

L'outrecuidance de don Carlos se révèle en entier dans cette dépêche que l'agence carliste a fait répandre à l'étranger : « Don Carlos vient de changer ainsi qu'il suit l'ordre du plan de campagne de ses armées : l'armée basco-navarraise se porterait sur Burgos, celle d'Aragon et de Valence, commandée par Dorregaray, marcherait sur Madrid. » Nous pensons que ces dispositions d'ordre de marche seront modifiées et que les généraux de don Carlos auraient pu marcher de cette façon après leurs victoires sur les généraux républicains ; actuellement les partisans du prétendant risquent fort de terminer leur épopée comme celle des carabiniers d'Offenbach, c'est-à-dire d'arriver *trop tard*. Don Carlos ne retrouvera plus l'occasion perdue il y a dix-huit mois de marcher sur Madrid, alors que l'armée,

désorganisée par les fédéralistes cantonalistes, se soulevait contre ses chefs et se
débandait, alors que, de l'Èbre à la capitale, les républicains n'auraient pas réuni
quinze cents hommes pour les lui opposer.

L'armée royale qui opère dans le Nord
a pour commandant en chef don Manuel de
la Serna y Hernandez Piuzon, dont le
quartier général est à Logrono. Son chef
d'état-major général est Ruiz y Dana. Le
commandant de l'artillerie est Sébastien
Prat, celui du génie Burriel.

L'armée est divisée en trois corps. Le
premier corps est sous les ordres de Mo-
riones, capitaine général de Navarre, il
occupe la ligne de l'Èbre, de Tudela à
Calahorra; il se compose de 3 divisions
d'infanterie, 3 régiments de cavalerie et
6 batteries.

Le deuxième corps, commandé par Tas-
sara, est en position de Logrono à Miranda;

il se compose de 3 divisions d'infanterie, 3 régiments de cavalerie et 5 batteries.

Le troisième corps, sous les ordres du
capitaine général de Burgos, comprend
2 divisions d'infanterie, le régiment des
chasseurs d'Albuera et 3 batteries. Il s'é-
tend de Saint-Sébastien à Bilbao. Ces
forces se composent d'environ 120,000
hommes.

Les forces carlistes commandées par
Mendiri, Lizagara, Dorregaray, etc., sont
refoulées depuis le Carrascal jusqu'à Estella, et ont été chassées de Manera, Ciran-
qui, Puente la Reina, Allo et Dicastillo.
Le reste avec le prétendant est au delà de
Tolosa, Urnieta, Andoaín et des environs
d'Astigarraga et d'Hernani. Elles se composent de 82 bataillons, 14 escadrons de
cavalerie, 6 batteries, 12 pièces fondues
à Azpeitia, 4 pièces de montagne et 6 mor-
tiers.

Les forces carlistes sont assez grandes,

mais ce n'est pas une armée. Cette masse d'hommes n'a pas de cadres, et il n'y a pas dix bataillons commandés par de vrais carlistes ; tout le reste est alphonsiste.

Quant aux nouvelles de la guerre, Pampelune a été débloquée. On tiraille bien un peu aux environs d'Estella ; mais, pour le quart d'heure, le vent est beaucoup plus aux *convenios* qu'aux batailles. D'après le *Courrier de Bayonne*, un arrangement serait même déjà intervenu entre Dorregaray et le commandant en chef de l'armée libérale du Centre.

Nous croyons ce bruit prématuré ; mais il n'est pas moins vrai que l'état-major carliste se compose en grande majorité d'anciens officiers alphonsistes qui, en voyant leur drapeau se relever, doivent avoir de fortes velléités de le rejoindre. Ce n'est pas là le seul germe de dissolution qui travaille l'armée carliste. L'indiscipline fait chaque jour des progrès parmi les soldats. Voici, par exemple, ce que nous lisons dans l'*Irurac Bat* de Bilbao du 29 décembre :

« De graves événements sont arrivés à Durango, d'après les nouvelles qui nous sont parvenues. Le jour de Noël, le bataillon des guides de don Carlos s'est soulevé et a parcouru les rues en groupes nombreux, demandant du vin et de l'argent. Ces groupes commirent des excès dans divers établissements, ce qui fit que toutes les boutiques se fermèrent instantanément. Le prétendant se réfugia chez M. Orne, dans la crainte de ne pas être respecté par les insurgés.

« Le commandant d'armes Ontivero sortit de sa demeure et donna l'ordre à tous les cafés de fermer ; les mutins le poursuivirent à coups de pierres jusqu'à ce qu'il rentrât chez lui. On parvint à recueillir, nous ne savons comment, quelque argent, et on distribua 8 réaux par homme au bataillon des guides et 2 réaux à chacun des hommes que commande Bernaola.

« Le capitaine de ce même bataillon qui remplissait les fonctions de caissier a été assassiné. Le bataillon des guides a dû partir le soir même pour Elorrio, et de là il s'est rendu à Zernona, où il se trouvait encore hier, à ce que l'on assure. »

Dans l'Est, on signale des défections quotidiennes de soldats et d'officiers carlistes qui viennent réclamer l'*indulto* auprès des autorités alphonsistes. Parmi ces officiers figure le colonel Luis Toledo, ancien aide de camp et chef d'état-major du frère du prétendant.

Aujourd'hui les deux armées sont en présence et un mouvement préliminaire a commencé sur trois points : les carlistes se sont repliés bien loin de la vallée de Carrascal. Le quartier général de don Alphonse est à Puente la Reina, celui de don Carlos est à Estella ; la bataille est sur le point de s'engager ; si la lutte se termine à l'avantage d'Alphonse XII, le combat n'en sera pas moins opiniâtre et long.

Ne serait-il pas urgent que, tout en conduisant vigoureusement l'attaque contre les carlistes, le jeune roi d'Espagne préparât les bases d'un *convenio* en cas du succès de son armée?

Don Carlos a sous ses ordres plus de 800 officiers ayant appartenu à l'armée d'Isabelle; la plupart sont des amis personnels et des camarades d'école du colonel Velasco, aide de camp actuel du roi Alphonse XII, et il est certain qu'il sera pénible à ces officiers de se battre au cri de : *Viva el Rey!* contre une armée qui combat avec le même cri.

47 officiers, ci-devant carlistes, et parmi lesquels 18 officiers d'artillerie, ont ouvert la voie, ils vont quitter Bayonne pour rejoindre l'armée royale.

Pourquoi ne pas tenter un nouvel effort de conciliation? Le colonel Velasco pourrait être envoyé comme parlementaire au quartier général du prétendant pour préparer le *convenio ?*

Pourquoi ne pas proposer qu'on laisse

à l'Espagne, consultée par la voie d'un plébiscite, la liberté de choisir la forme de gouvernement qui lui convient le plus? — Qu'on suspende les hostilités et qu'on appelle le peuple espagnol dans ses comices pour choisir entre la monarchie libérale avec don Alphonse, et la monarchie autoritaire sentant le soufre et l'inquisition avec don Carlos, ou encore la forme républicaine qui a valu à l'Espagne six années de guerre civile et tant de ruines et de désastres.

L'Europe applaudirait à cette généreuse initiative prise par le jeune roi, et la nation espagnole consacrerait immédiatement par ses suffrages la nouvelle royauté à qui incomberait la tâche de décréter une amnistie générale, la conservation des grades aux officiers sortant de l'armée régulière, l'acceptation de la dette garantie par les provinces, et enfin le droit au domicile en Espagne de tous ceux qui ont pris part à la guerre civile, n'importe la cause pour laquelle ils ont pris les armes.

Le salut de l'Espagne est à ce prix ; sinon, ce serait la banqueroute. L'Espagne paye un million de francs par jour pour dépenses de la guerre, et il lui faudra au moins vingt années de paix pour reconstruire ses villes si prospères autrefois, et qui n'offrent plus au regard que des décombres amoncelés.

La tâche du gouvernement issu du vote de la nation sera immense : il lui faudra refaire les finances de l'État et panser les plaies de l'Espagne, en lui donnant toutes les garanties d'ordre et de stabilité réclamées par les conservateurs de tous les partis.

De nos jours la royauté a cessé d'être un culte, elle est devenue un problème d'organisation des sociétés et une garantie de la paix et de la prospérité publique. Lorsqu'elle peut résoudre ce double problème et appliquer le mot de l'empereur Alexandre II : « Il faut que les réformes viennent d'en haut pour qu'elles n'arrivent pas d'en bas, » — les révolutions ne l'atteignent pas.

Quant à la question religieuse, nous souhaitons que le nouveau roi d'Espagne ne se livre pas, pieds et poings liés, à l'Église, et laisse chacun de ses sujets gagner la vie éternelle à sa façon.

A. MLOCHOWSKI DE BELINA.

Paris, 31 janvier 1875.

3099 — Paris, imp. Jouaust, rue Saint-Honoré, 338.

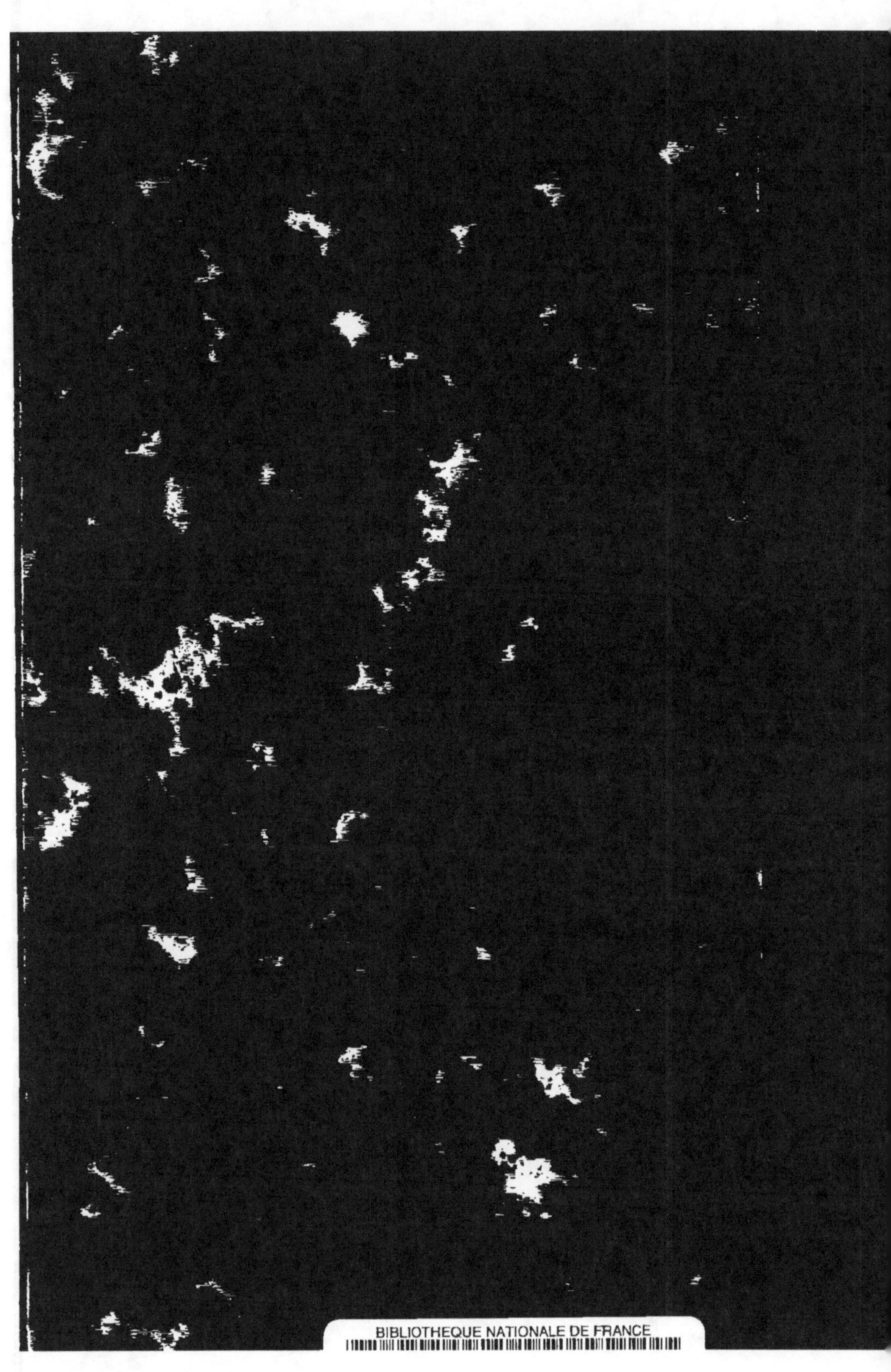